AF498179

A NOSSEIGNEURS

LES REPRÉSENTANS

DE LA NATION.

MESSEIGNEURS,

Un *Code* Religieux, Moral & Civil, *m'a paru l'ouvrage le plus utile, en ce moment, pour elever la génération prochaine dans les principes de notre nouvelle Constitution, & inculquer au peuple cette vérité:* que les changemens opérés dans un gouvernement ne peuvent conduire au bonheur qu'autant qu'ils s'accordent avec la Religion & la Morale.

Le Cathéchisme National, que je soumets à vos lumieres, est moins l'ouvrage de ma plume que celui de mon cœur.

a

Comme Ministre de l'Evangile, j'ai tracé un tableau rapide de la connexité des vérités sublimes de notre sainte religion, dans toutes ses périodes, depuis l'état de nature jusqu'à celui du Christianisme; je ne crois pas m'être écarté en rien de l'ortodoxie; & si mes propositions ou définitions heurtoient tant soit peu, la saine Théologie, je suis prêt à les rétracter quand on m'en aura convaincu :

Comme Institeur public : j'ai traité les principes de la Morale d'une maniere distincte, pour les rendre plus simples, plus sensibles & plus aimables à la jeunesse : j'ai cru devoir séparer ce qui a rapport au dogme, de ce qui tient particulierement à la Morale, afin d'éviter que l'obscurité de l'un n'éclipse la lumiere de l'autre aux yeux de l'ignorance ou de la mauvaise foi.

Comme Citoyen, j'ai analysé les devoirs que nous impose le serment civique; je les ai affermis, ces devoirs, sur des principes qui m'ont parût découler de la sagesse de vos décrets : enfin, je n'ai eu d'autre but que de m'acquitter du triple devoir attaché à ma qualité de Prêtre, *d'*Instituteur *&* de Citoyen.

Si la distinction que le despotisme-machiavéliste a toujours-mis entre une verité morale & une vérité politique, n'existe plus aujourd'hui; mon cœur ne doit-il pas s'applaudir de pouvoir, en liberté, faire hommage de ses sentimens à une assemblée de Législateurs, qui ne reconnoissent qu'une politique, celle de la vérité & de la justice ? En considérant ce petit Ouvrage, comme pouvant concourir à l'utilité publique, vous approuverez mon zele par le seul motif qui l'anime.

Je suis avec respect,

De MESSEIGNEURS,

Le très-humble & obéissant serviteur,

L'Abbé HAZARD, Prêtre, Directeur de l'Ecole - Militaire-Nationale de Nanterre.

CATÉCHISME

CATÉCHISME NATIONAL,

OU

CODE RELIGIEUX, MORAL ET CIVIL,

DÉDIÉ

A L'ASSEMBLÉE NATIONALE,

ET PRÉSENTÉ A MGR. LE DAUPHIN.

PAR M. *l'Abbé HAZARD*, *Prêtre*, *Breveté du Roi*,
Instituteur de l'Ecole-Militaire-Nationale de Nanterre.

Adore un Dieu, sois juste & chéris ta Patrie.
VOLT.....

A PARIS,

De l'Imprimerie D'ANT.-JOS. GORSAS, Auteur du Courrier
de Paris dans les Provinces, rue Tiquetonne, N° 7.

1790.

CATÉCHISME NATIONAL.

CODE RELIGIEUX.

D. Qui a créé l'homme ?

R. Dieu.

D. Qu'est-ce que Dieu ?

R. Dieu est l'auteur de tout ce qui existe dans la nature.

D. Pourquoi Dieu a-t-il créé l'homme ?

R. Pour avoir sur la terre une créature formée à son image & digne de l'adorer.

D. Quelle différence y a-t-il entre l'homme & les animaux ?

R. Les animaux ont été créés pour l'usage de l'homme, & l'homme pour le service de Dieu.

D. L'homme ressemble-t-il aux animaux ?

R. L'homme ressemble aux animaux par sa naissance & par sa mort, mais il est plus parfait que les animaux, parce que l'esprit de l'homme, qu'on appelle *ame*, vient de Dieu.

D. Qu'est-ce que l'*ame* ?

R. L'ame est ce souffle avec lequel Dieu donna la vie au premier homme.

A 2

D. L'ame meurt-elle avec le corps?

R. Non: fi elle eft pure, elle rentre dans le fein de Dieu, d'où elle eft fortie; & fi elle eft impure, elle en eft repouffée à jamais.

D. Le jufte & l'impie ont-ils après leur mort une même deftinée?

R. Non: le jufte jouit pour toujours de la vue de Dieu, & l'impie en eft privé éternellement.

D. Qu'entend-on par l'impie?

R. On entend l'homme qui ne fuit que fes paffions, & qui refufe de fe foumettre aux loix de Dieu & de la fociété.

D. Qu'entend-on par le jufte?

R. On entend l'honnête homme qui obferve, avec juftice, les loix divines & humaines.

D. Quelles font les lois divines?

R. On appelle loix divines les loix que Dieu a dictées aux hommes par lui-même ou par fes prophètes.

D. Qu'entend-on par prophètes?

R. Les prophètes font des hommes choifis & infpirés de Dieu, pour tranfmettre aux autres hommes les loix divines, & ces loix forment un code que l'on appelle religion.

CHAPITRE II.

Religion.

D. Combien y a-t-il de religions?

R. Comme il n'y a qu'une vérité, il ne peut y avoir qu'une religion.

D. Pourquoi existe-t-il plusieurs religions?

R. Parce que les hommes s'égarent quand ils suivent leurs passions ou leur ignorance.

D. Quelle est la seule vraie religion?

R. C'est la religion chrétienne.

D. Qu'est-ce que la religion chrétienne?

R. C'est la religion des deux testamens.

D. Qu'entend-on par testamens?

R. Testamens signifient *loix transmises :* les premieres loix divines ont été transmises par *Moyse,* & c'est ce qu'on appelle *ancien testament ;* les dernieres loix divines ont été transmises par Jesus-Christ, & c'est ce qu'on appelle *nouveau testament.*

CHAPITRE III.

Ancien Testament.

D, Qu'étoit Moyse?

R. Moyse étoit un sage dont Dieu s'est servi pour faire connoître ses volontés aux hommes.

D. Exiſtoit-il des loix divines avant *Moyſe ?*

R. Oui : mais ces loix étoient devenues inſuf-fiſantes.

D. De quelle nature étoient les loix divines avant Moyſe ?

R. Ces loix étoient relatives à la ſituation du premier homme avant & après ſon péché.

D. Qu'entendez-vous par le péché du premier homme ?

R. J'entends ſa déſobéiſſance à la loi que Dieu lui avoit impoſée dans le paradis terreſtre.

D. Qu'étoit cette loi ?

R. C'étoit la défenſe de toucher au fruit de l'arbre de la ſcience du bien & du mal.

D. Sa déſobéiſſance fut-elle punie ?

R. Oui : car **Adam** & ſa femme **Eve** furent chaſſés du lieu de délices nommé *paradis*, ou Dieu les avoit créés, & ils furent condamnés eux & leur poſtérité à ſupporter tous les maux de la vie, & aux horreurs de la mort.

D. Qu'elles ſont les premieres loix que Dieu preſcrivit à l'homme ?

R. Ces loix ſe bornerent à reconnoître les bienfaits de Dieu, à l'adorer, à reſpecter les droits de la raiſon & de l'équité naturelle.

D. Quel culte les premiers hommes rendoient-ils à la divinité ?

R. Ils honoroient Dieu en lui sacrifiant les premiers nés des animaux, & les premices des fruits de la terre.

CHAPITRE IV.

Les Commandemens du Décalogue.

D. De quel droit Moyse a-t-il donné une nouvelle religion aux hommes?

R. Moyse n'a pas donné de religion nouvelle aux hommes, mais il leur a fait connoître les volontés du créateur, écrites du doigt même de la divinité sur la table des dix commandemens donnés au peuple d'Israel sur le mont Sinaï, au milieu des tonnerres & des éclairs.

D. Quels sont ces commandemens?

R. Les voici tels qu'ils sont dans la Genèse (1):

I. Je suis le Seigneur votre Dieu qui vous ai tirés de la terre d'Egypte, de la maison de servitude. Vous n'aurez point des dieux étrangers devant moi.

II. Vous ne vous ferez point d'image taillée, ni aucune figure de tout ce qui est enhaut dans le ciel, & en bas sur la terre, ni de tout ce qui est dans les eaux, sous la terre. Vous ne les

---

(1) Traduction de le Maître de Sacy.

adorerez point, & vous ne leur rendrez point le souverain culte.

III. Vous ne prendrez point en vain le nom du Seigneur votre Dieu ; car le Seigneur ne tiendra point pour innocent celui qui aura pris en vain le nom du Seigneur son Dieu.

IV. Vous travaillerez durant six jours, & vous y ferez tout ce que vous aurez à faire ; mais le septieme jour est le jour du repos consacré au Seigneur votre Dieu. Vous ne ferez en ce jour aucun ouvrage, ni vous, ni votre fils, ni votre fille, ni votre serviteur, ni votre servante, ni vos bêtes de service, ni l'étranger qui sera dans l'enceinte de vos villes.

V. Honorez votre pere & votre mere, afin que vous viviez long-temps sur la terre.

VI. Vous ne tuerez point.

VII. Vous ne commettrez point de fornication.

VIII. Vous ne déroberez point.

IX. Vous ne porterez point faux témoignage contre votre prochain.

X. Vous ne desirerez point la maison de votre prochain ; vous ne desirerez point sa femme, ni son serviteur, ni sa servante, ni son bœuf, ni son âne, ni aucune des choses qui lui appartiennent.

CHAPITRE V.

CHAPITRE V.

Nouveau Testament.

D. Qu'étoit Jésus ?

R. Jésus étoit fils de Dieu.

D. Pourquoi Dieu a-t-il envoyé son fils sur la terre ?

R. Pour expier par ses souffrances le péché du premier homme, que nous appellons le péché originel.

D. Etoit-il nécessaire que le fils de Dieu se fît homme pour cela ?

R. Oui, parce qu'il n'y avoit qu'un Dieu-homme qui pût satisfaire à la justice divine offensée.

D. Où le fils de Dieu a-t il pris forme humaine ?

R. Dans le sein d'une Vierge nommée *Marie*, issue de la race de David.

D. Comment le fils de Dieu s'est-il incarné ?

R. Par la vertu de l'Esprit-saint, troisieme personne de la divinité.

D. Pourquoi le fils de Dieu a-t-il été conçu dans le sein d'une vierge par l'opération de l'Esprit-saint ?

R. 1°. Parce qu'étant la seconde personne de

(10)

la divinité, le fils de Dieu devoit prendre nature humaine dans un sein chaste & pur ; 2°. parce que devant être exempt de la tache du péché originel, il ne pouvoit être engendré d'un homme.

D. L'Esprit-saint est donc pere de Jesus ?

R. Non, parce qu'il ne l'a pas formé de sa substance divine, mais seulement du sang de la vierge Marie.

D. Quel est donc le pere de Jesus ?

R. Jesus, comme homme n'a point de pere, mais seulement en tant que Dieu.

D. La sainte vierge Marie est-elle mere de Jesus ?

R. Oui : & en cette qualité elle est mere de Dieu, parce que Jesus est Dieu & homme tout ensemble.

D. St. Joseph est-il pere de Jesus ?

R. St. Joseph n'est autre chose que le pere nourricier de Jesus, & l'époux de la Ste. vierge Marie.

D. A qu'elle époque le fils de Dieu descendit-il sur la terre ?

R. A l'époque annoncée par tous les prophètes, & attendue même de la nation Juive, qui n'a pas voulu le reconnoître pour le Messie.

D. Pourquoi les Juifs n'ont-ils pas voulu reconnoître Jesus pour leur Messie ?

R. Parce qu'au lieu de voir dans Jesus un conquérant, un potentat qui devoit, à ce qu'ils se flattoient, subjuguer les Romains, ils ne trouverent qu'un foible enfant, pauvre, humilié, anéanti.

D. L'incrédulité des Juifs détruit-elle en Jesus le caractere de Messie ?

R. Au contraire, pour que Jesus fût le Messie, il falloit qu'il fût rejetté de la nation Juive, selon tous les prophetes ; donc, les Juifs, par leur incrédulité même, ont donné à Jesus le caractere de Messie.

CHAPITRE VI.

De la Religion Chrétienne.

D. La religion chrétienne détruit-elle la religion naturelle ?

R. Non, mais elle la perfectionne.

D. Elle détruit donc la religion juive ?

R. Non, puisqu'elle est appuyée sur les loix de l'ancien testament, mais elle est supérieure à la religion juive, qui n'étoit qu'une religion en figure, tandis que la religion chrétienne est une religion en réalité.

D. Qu'entendez-vous par une religion en réalité ?

R. J'entends une religion qui ne se borne pas

à la lettre, mais qui fpiritualife nos actions & nos défirs, telle que la religion chrétienne.

D. Comment doit-on confidérer la religion chrétienne ?

R. Sous deux rapports, comme *dogmatique* & comme *morale*.

CHAPITRE VII.

Les Dogmes.

D. Qu'entend-t-on par les dogmes ?

R. Les dogmes en matiere de religion font des vérités fi fupérieures à la pénétration humaine, qu'il faut fe borner à y foumettre fa croyance.

D. L'homme eft-il obligé de faire le facrifice de fa croyance, quand fon intelligence eft au-deffous des objets qu'on lui propofe de croire ?

R. Oui, fi ces objets lui font propofés par la Divinité & pour fon plus grand bien.

D. Les dogmes de la religion chrétienne font-ils propofés par la Divinité & pour le plus grand bien des hommes ?

R. Oui, le fils de Dieu lui-même a établi les preuves de fa divinité, par les miracles, les prophéties & la fublimité de fa doctrine ; donc nous devons croire fermement tout ce qu'il nous a révélé.

D. Quels font les dogmes relatifs à la Divinité & qui exigent notre foi ?

R. Ce font les myfteres de l'incarnation, de la Sainte-Trinité & de la rédemption.

D. Qu'eft-ce que l'incarnation ?

R. C'eft le fils d'un Dieu fait homme.

D. Qu'eft-ce que le dogme de la Sainte-Trinité ?

R. C'eft l'union des trois perfonnes qui compofent la divinité ; favoir le Pere, le Fils & le Saint-Efprit.

D. Qu'eft-ce que le dogme de la rédemption ?

R. C'eft le Fils de Dieu fouffrant & mourant fur la croix pour expier nos fautes aux yeux de la Divinité.

D. Quels font les dogmes de la religion chrétienne relatifs au plus grand bien de l'homme ?

R. Ce font les facremens que Jéfus-Chrift a inftitués, & les fources de graces qu'il nous offre par la priere.

CHAPITRE VIII.

Sacremens.

D. Qu'entend-on par facrement ?

R. L'on entend une marque fenfible d'une opération invifible inftitutée par Jéfus-Chrift pour le bonheur des hommes.

D. Combien y a-t-il de sacremens ?

R. Il y en a sept ; savoir : le Bapteme , la Confirmation , l'Ordre , la Pénitence , l'Eucharistie , l'Extrême-Onction & le Mariage (1).

DU BAPTÉME.

R. Qu'est-ce que le Baptême ?

R. Le baptême est un sacrement qui efface en nous le péché d'*Adam* que nous apportons en naissant , & nous fait participer au grand bienfait de la rédemption.

D. Ce sacrement est-il nécessaire pour le salut de l'homme ?

R. Tout homme qui n'a point été baptisé ne peut être sauvé , parce qu'il est entaché du péché originel , & que rien d'impur ne peut entrer dans le ciel.

D. Comment baptise-t-on ?

R. En versant de l'eau naturelle sur la tête de la personne que l'on baptise , & en prononçant en même tems ces paroles de Jésus - Christ : Enfant ! je te baptise au nom du Pere , & du Fils , & du St-Esprit.

D. Qui peut baptiser ?

R. Tout le monde , en cas de nécessité ; & hors le cas de nécessité , le prêtre de la paroisse.

____

(1) Cet ordre naturel des sacremens est plus conforme à la discipline actuelle de l'Église.

DE LA CONFIRMATION.

D. Qu'eſt-ce que la confirmation ?

R. La confirmation eſt un ſacrement qui nous donne la force de l'Eſprit-ſaint pour augmenter en nous la grace du baptême, & nous faire ſoutenir dans toutes les occaſions la confeſſion de la religion de Jéſus-Chriſt.

D. Qui peut confirmer ?

R. L'Evêque ſeul.

D. Peut-on être ſauvé ſans avoir été confirmé ?

R. Oui.

D. Quelle eſt la marque ſenſible de ce ſacrement ?

R. C'eſt l'onction faite ſur le front avec le ſaint chrême, & le ſoufflet donné par l'Evêque.

D. Quel eſt l'eſprit de ces cérémonies ?

R. L'onction du ſaint chrême ſur le front annonce que l'on ne doit point rougir de profeſſer la douceur & les autres vertus chrétiennes ; le ſoufflet que donne l'évêque apprend que l'on doit ſouffrir toutes les peines & tous les affronts pour la foi de Jeſus-Chriſt.

DE L'ORDRE.

D. Qu'eſt-ce que l'ordre ?

R. L'ordre eſt un ſacrement qui donne le pouvoir de faire les fonctions eccléſiaſtiques, & la grace pour les exercer ſaintement.

D. Qu'elle eſt la marque ſenſible de ce ſacrement?

R. La marque ſenſible de ce ſacrement exiſte dans les cérémonies qui accompagnent le pouvoir que donne l'évêque, lequel pouvoir vient des apôtres, qui l'ont reçu de J. C.

D. Quels ſont les ſacremens qui impriment caractère ?

R. Ce ſont les trois ſacremens de baptême, de confirmation & de l'ordre (1).

D. Pourquoi dites-vous qu'ils impriment caractère ?

R. Parce qu'on ne peut les recevoir qu'une ſeule fois.

DE LA PENITENCE.

D. Qu'eſt-ce que la pénitence comme ſacrement?

R. La pénitence, comme ſacrement, eſt la rémiſſion des pechés commis depuis la réception du baptême.

D. Par qui cette rémiſſion des péchés eſt-elle accordée ?

R. Par la vertu des pouvoirs que J. C. a donné à ſes apôtres & à leurs ſucceſſeurs, dans ces paroles: *Recevez le St-Eſprit; ce que vous aurez lié ſur la terre ſera lié dans le ciel, & ce que*

―――――――――――――――

(1) C'eſt pourquoi nous les avons cités de ſuite.

vous

vous aurez délié sur la terre, sera pareillement délié dans le ciel.

D. Cette rémission des péchés est-elle indé-, pendante des dispositions du pécheur?

R. Point de rémission des péchés sans les dispositions requises de la part du pécheur.

D. Quelles sont ces dispositions?

R. Elles sont au nombre de trois; savoir: la contrition, la confession & la satisfaction.

PREMIERE DISPOSITION,

La Contrition.

D. Qu'est-ce que la contrition?

R. C'est la douleur & la détestation du péché commis, ainsi que la résolution sincere de tout faire pour ne le plus commettre; elle est toujours accompagnée du remord.

D. Quel est le caractère de la bonne contrition?

R. C'est le retour à la vertu, non par crainte des jugemens de Dieu, mais par le sens intime de la conscience, que l'amour du bien & de la justice dirige.

D. Les marques extérieures de la contrition sont-elles nécessaires pour décider la conversion?

R. Non: Dieu voit le fond de nos cœurs, & les hommes ne peuvent nous justifier à ses yeux

C

SECONDE DISPOSITION.

La Confeſſion.

D. Qu'eſt-ce que la confeſſion?

R. C'eſt l'accuſation claire & entiere de tous ſes péchés, faite à un prêtre, pour en recevoir la rémiſſion.

D. Qu'entendez-vous par accuſation claire?

R. J'entends l'énoncé du nombre, des qualités & des circonſtances qui ont accompagné chaque péché, & qui en preſcrivent la nature.

D. Qu'entendez-vous par accuſation entiere?

R. J'entends l'aveu ſincere de toutes les fautes que notre conſcience nous reproche, ſans que la honte & le reſpect humain puiſſent nous la faire trahir.

TROISIEME DISPOSITION.

La Satisfaction.

D. Qu'eſt-ce que la ſatisfaction?

R. C'eſt une réparation que l'on doit à Dieu & aux hommes pour les torts qu'on ſe reproche d'avoir commis envers eux.

D. Pouvons-nous ſatisfaire à Dieu?

R. Oui: par la priere, le jeûne & l'aumône, en nous conformant en tout à la doctrine de J. C.

D. Quelle fatisfaction les hommes ont-ils le droit de réclamer contre nous ?

R. La réparation des torts que nous avons pu leur faire dans leur perfonne, dans leur honneur & dans leur bien.

D. Quand on a accompli toutes ces conditions, a-t-on reçu véritablement la rémiffion de tous fes péchés ?

R. Oui, & l'on rentre dans la voie de l'innocence.

D. Quelle eft la marque fenfible du facrement de pénitence ?

R. Ce font les cérémonies qui accompagent ce tribunal, où l'on remarque l'humilité du repentant, & la grandeur de l'arrêt d'abfolution que le prêtre prononce au nom de J. C. dont il eft le miniftre.

D. Quelle eft l'opération invifible de ce facrement ?

R. C'eft le contentement intérieur que l'on éprouve au fortir d'une bonne confeffion, & toutes les graces qui nous fortifient dans nos réfolutions de vivre faintement.

EUCHARISTIE.

D. Qu'eft-ce que ce facrement ?
R. Ce facrement eft le repréfentatif de la céne

(20)

où Jésus-Christ fit communier ses apôtres, en leur donnant son corps à manger, & son sang à boire, sous les especes & apparence du pain & du vin.

D. Comment doit-on considérer ce sacrement?

R. Sous trois rapports; 1° Jésus - Christ s'y donne comme sacrement dans la communion; 2° il s'y donne comme victime dans le sacrifice de la messe; 3° il se donne de ces deux manieres dans la résidence perpétuelle qu'il fait sur nos autels.

De la Communion.

D. Qu'entend-on par communier?

R. On entend recevoir le corps & le sang de Jésus-Christ sous les especes du pain & du vin.

D. Comment ce pain & ce vin peuvent-ils être changés au corps & au sang de J. C.

R. Par la vertu toute-puissante des paroles de Jésus-Christ que le prêtre prononce en consacrant le pain & le vin.

D. Quelles sont ces paroles?

R. Ces paroles sont énoncées dans le saint canon de la messe?

D. Ne reste-t-il plus de pain & de vin après la consécration?

R. Non: la substance du pain est changée dans la substance du corps, & la substance du vin dans la substance du sang de Jésus-Christ.

D. Pour recevoir Jéfus-Chrift, il faut donc communier fous les efpeces du pain & du vin tout à la fois ?

R. Jéfus-Chrift eft tout entier non-feulement fous chacune des deux efpeces, mais encore fous la moindre partie de ces efpeces ; donc il n'eft pas néceffaire, pour recevoir J. C., de communier fous les efpeces du pain & du vin tout à la fois.

D. Quelles font les difpofitions néceffaires pour bien communier ?

R. Il faut avoir fon ame pure & fa confcience fans remords, recevoir ce facrement avec toute la vivacité de la foi, la fermeté de l'efpérance & l'ardeur de la charité.

D. N'y a-t-il pas auffi des difpofitions qui regardent le corps?

R. Ces difpofitions font premierement d'être à jeun, à moins qu'on ne reçoive ce facrement en maladie ; fecondement d'être à genoux & d'avoir l'extérieur le plus modefte & le plus refpectueux qu'il eft poffible.

D. Ceux qui font coupables de quelques péchés mortels, reçoivent-ils également le corps & le fang de J. C. dans la communion ?

R. Oui : mais ils ne reçoivent pas les graces qui y font attachées ; & femblables à judas, ils boivent & mangent leur condamnation: auſſi un tel ſacrilege n'eſt-il jamais impuni dans ce monde ni dans l'autre.

D. Quelle eſt la marque ſenſible de l'euchariſtie comme ſacrement?

R. C'eſt l'apparence du pain & du vin.

D. Qu'elle eſt l'opération inviſible de l'euchariſtie comme ſacrement?

R. C'eſt de nous incorporer dans J. C., de nous vivifier dans ſes graces & de nous donner la force de réſiſter aux tentations & aux déſirs déréglés de la chair.

De l'Euchariſtie comme ſacrifice.

D. Qu'eſt-ce que la meſſe?

R. La meſſe eſt le mémorial de la mort de J. C.

D. Qu'entendez-vous, quand vous dites que la meſſe eſt le mémorial de la mort de J. C.?

R. J'entends que la veille de ſa mort, notre Seigneur inſtitua le ſacrifice de la meſſe comme le ſacrifice non ſanglant & repréſentatif du ſacrifice ſanglant de la croix.

D. Le ſacrifice de la meſſe eſt donc le même que celui de la croix?

R. Oui, puiſque c'eſt la même victime & le même ſacrificateur, la différence n'eſt donc que dans la maniere.

D. A qui offre-t-on le facrifice de la meffe?

R. A Dieu feul.

D. Ne peut-on pas l'offrir à la fainte Vierge, aux anges & aux faints?

R. Non: mais on l'offre à Dieu pour le remercier des graces qu'il leur a faites, & mériter par là leurs interceffions.

D. La religion chrétienne offre-t-elle à Dieu d'autres facrifices que le facrifice de la meffe?

R. Non: parce que J. C. s'offrant lui-même à fon pere comme victime pour nous, dans le facrifice de la meffe, aucun holocaufte ne peut être plus agréable à Dieu.

D. Eft-on obligé d'affifter au facrifice de la meffe?

R. L'églife nous ordonne d'y affifter les dimanches & les fêtes, & nos befoins nous invitent à y affifter tous les jours.

D. En quoi confiftent les fentimens d'un chrétien en affiftant au facrifice de la meffe?

R. Ils confiftent à adorer Dieu, à le remercier de fes bienfaits, & lui demander fes befoins.

D. Qu'elle eft la marque fenfible de l'Euchariftie comme facrifice?

R. Ce font les efpeces du pain & du vin, & les cérémonies du culte.

D. Quelle eſt l'opération inviſible de l'euchariſtie comme ſacrifice ?

R. C'eſt de renouveller en nous le mérite de
notre rédemption, & de nous acquitter de notre
reconnoiſſance envers Dieu.

L'Euchariſtie comme ſacrement & comme ſacrifice.

D. Qu'entendez-vous par l'euchariſtie en état de
ſacrement & de victime ?

R. J'entends la permanence du corps & du
ſang de J. C. dans l'hoſtie, après la conſécration.

D. Qu'eſt-ce que J. C. exige de nous dans la
ſainte euchariſtie ?

R. Comme ſacrement, il veut qu'on le reçoive
ſouvent; comme ſacrifice il veut qu'on l'offre
ſouvent; & comme réſidant ſur nos autels, il veut
qu'on l'y viſite, & qu'on l'y adore ſouvent.

DE L'EXTRÊME-ONCTION.

D. Qu'eſt-ce que ce ſacrement ?

R. C'eſt un ſacrement inſtitué par J. C. pour
le ſoulagement ſpirituel & corporel des malades ?

D. Pourquoi l'appellez-vous extrême-onction ?

R. A cauſe de la marque ſenſible de ce ſacrement qui conſiſte dans l'application & onction faite
avec de l'huile bénite ſur les extrémités du corps
du malade.

D. Quelle

D. Qu'elle eſt l'opération inviſible de ce ſa‑
crement?

R. C'eſt de remettre les péchés dont on ſe
repent, de rendre quelquefois la ſanté au malade,
ou de l'aider à bien mourir.

D. Pourquoi ce ſacrement ne s'adminiſtre-t-il
qu'aux malades?

R. Parce que ſon inſtitution eſt telle, que ſes
effets ont deux rapports eſſentiels à la ſituation
des malades.

1° De ſuppléer au ſacrement de pénitence;
2° de ſoulager les infirmités corporelles.

D. Il ſuffit donc de recevoir le ſacrement de
l'extrême-onction pour mourir en état de grace?

R. Lorſque le malade le reçoit ſans connoiſ‑
ſance, alors le ſacrement opere pour ſon pardon,
avec la miſéricorde de Dieu : mais lorſque le malade
reçoit ce ſacrement en pleine connoiſſance, il ne
peut participer à ſon opération inviſible qu'après
avoir mérité les graces attachées au ſacrement de
pénitence.

LE MARIAGE.

D. Qu'eſt-ce que le ſacrement de mariage?

R. C'eſt un ſacrement commémoratif de l'u‑
nion de J. C. avec ſon égliſe, par lequel l'homme
& la femme s'engagent à ne jamais ſe ſéparer,

D

D. Qu'elles font les conditions de ce facrement?

R. Les unes font temporelles & les autres font fpirituelles ?

D. Qu'elles font les conditions temporelles?

R. C'eft de remplir les formalités civiles & eccléfiaftiques, de n'avoir que des intentions pures & des motifs vertueux, d'eftimer & de refpecter l'objet de fon alliance.

D. Quelles font les conditions fpirituelles de ce facrement?

R. C'eft de s'être préparé à le recevoir par une bonne confeffion, afin d'attirer fur foi la bénédiction du ciel.

D. Quelles font les obligations que deux époux contractent envers la fociété?

R. De vivre enfemble dans une parfaite union, d'élever leurs enfans avec crainte de Dieu & amour pour la patrie, de régler leurs affaires doméfliques pour le bien temporel, fans négliger leur falut.

CHAPITRE IX.

De la Priere.

D. Qu'eft-ce que la priere?

R. La priere eft le langage de l'efprit & du

cœur envers Dieu, pour le remercier de ſes bienfaits, & lui demander nos beſoins.

D. Dieu a-t-il beſoin de nos prieres ?

R. Non.

D. Pourquoi dites-vous que J. C. a établi une
ſource de grace par la priere ?

R. Parce que J. C., fils de Dieu, a dit à ſes
apôtres : « tout ce que vous demanderez à mon
pere, en mon nom, vous ſera accordé ».

D. Il ſuffit donc de prier pour obtenir ſes
beſoins ?

R. Oui, ſi votre priere eſt le langage de l'eſprit & de la vérité ; mais ſi votre priere n'eſt
point accompagnée des ſentimens de la charité
évangélique, elle ne ſera jamais exaucée.

D. Qu'elle eſt la priere la plus agréable à
Dieu ?

R. C'eſt l'oraiſon dominicale.

D. Qu'entendez-vous par l'oraiſon dominicale?

R. L'oraiſon dominicale, ou priere du ſeigneur,
eſt cette formule donnée par J. C. à ſes apôtres ;
cette oraiſon ſublime renferme tous les devoirs
de l'homme envers ſon créateur, envers la ſociété,
envers lui-même.

Dites-là en latin & en françois :

Pater nafter, qui es in cœlis !	Notre pere qui êtes aux cieux !
Sanctificetur nomen tuum :	Que votre nom foit fanctifié :
Ad veniat regnum tuum :	Que votre regne arrive :
Fiat voluntas tuá ficut in cælo & in terrá :	Que votre volonté foit faite en la terre comme au ciel :
Panem noftrum quotidianum, da nobis hodie :	Donnez-nous aujourd'hui notre pain quotidien :
Et dimitte nobis debita noftra, ficut & nos dimittimus debitoribus noftris :	Et pardonnez-nous nos offenfes, comme nous pardonnons à ceux qui nous ont offenfés :
Et ne nos inducas in tentationem :	Et ne nous induifez pas en tentation :
Sed libera nos à malo.	Mais délivrez-nous du mal.

D. Si Dieu n'a pas befoin de nos prieres, pourquoi celle-ci lui feroit-elle agréable ?

R. Dieu n'a pas befoin de nos prieres ; mais il exige que nous le reconnoiffions pour ce qu'il eft, que nous l'aimions, le fervions & l'adorions, en raifon de ce qu'il eft ; or, l'oraifon dominicale renferme tous ces devoirs, & de plus la doctrine fublime du pardon des injures, & l'obéiffance aux décrets de la providence ; donc l'oraifon dominicale eft la priere la plus agréable à Dieu.

D. Qu'eft-ce que le figne de la croix ?

R. Le figne de la croix eft le figne adoptif du

chrétien , parce qu'il exprime le prix que nous attachons à notre rédemption.

D. Comment se fait le signe de la croix?

R. En mettant la main droite au front, puis à l'estomach, ensuite à l'épaule gauche , & delà à la droite, en disant au nom du Pere, du Fils & du St-Esprit.

D. Pourquoi nommez-vous ainsi les trois personnes de la Divinité?

R. Parce qu'elles ont toutes contribué au grand ouvrage de notre rédemption.

D. Quand faut-il prier ?

R. Le plus souvent qu'il est possible.

D. Suffit - il pour prier de prononcer des paroles ?

R. Non : l'on peut prier de plusieurs manieres , *par penfées*, en élevant vers Dieu son cœur & son esprit; *par actions* , en faisant de bonnes œuvres; *par refignation* , en se soumettant aux maux que le ciel nous envoie ; enfin *par paroles*, en récitant ou chantant des prieres avec une dévote attention.

D. Pourquoi dites - vous ordinairement l'*Ave-Maria* après le *Pater nofter?*

R. Parce que n'ayant pas de plus grand intercesseur auprès de J. C. que sa mere, nous l'invitons à faire agréer notre priere.

Dites l'*Ave* :

En latin.	*En françois.*
Ave Maria, gratiâ plenâ, Dominus tecum, benedicta tu in mulieribus, & benedictus fructus ventris tui.	Je vous salue, Marie, pleine de grace, le seigneur est avec vous, vous êtes bénie entre toutes les femmes, & Jésus, le fruit de votre ventre est béni.
Sancta Maria, mater Dei, ora pro nobis peccatoribus, nunc & in horâ, mortis nostræ. Amen.	Sainte Marie, mere de Dieu, priez pour nous, pauvres pécheurs, maintenant & à l'heure de notre mort. Ainsi soit-il.

D. Est-il égal de prier chez soi ou dans l'église ?

R. Il est bon de prier chez soi, mais il vaut mieux le faire à l'église, parce que Dieu a dit : par-tout où vous serez assemblés en mon nom, je serai au milieu de vous.

CHAPITRE X.

De l'Eglise.

D. Qu'est-ce que l'Eglise ?

R. C'est la réunion de tous les fideles chrétiens avec le fils de Dieu leur chef, par la profession de sa doctrine, sous la conduite & autorité des évêques.

D. Doit-on obéir au pape ?

R. Oui : quant à sa jurisdiction spirituelle en

qualité de chef visible de l'église romaine & de successeur de Saint-Pierre.

D. Le pape & les évêques composent-ils l'église ?

R. Non : mais ils sont revêtus des pouvoirs des apôtres pour soutenir & faire exécuter la doctrine de Jesus-Christ, laquelle doctine est infaillible, parce quelle est toujours dirigée par l'esprit-saint.

D. Qu'entendez-vous donc, quand vous dites les commandemens de l'église ?

R. J'entends que le pape & les évêques assemblés sont les représentans de l'église entiere, & que les commandemens qui émanent d'un concile, sont sacrés pour tous les fideles, d'après les pouvoirs donnés aux successeurs des apôtres, par Jésus-Christ.

D. Que signifie église catholique ?

R. C'est-à-dire, église universelle, parce qu'elle est pour tous les hommes, pour tous les lieux & pour tous les temps.

D. Ceux qui se séparent de cette église sont-ils sauvés ?

R. Non : hors de l'église point de salut.

D. Quels sont les commandemens de l'église ?
R. Il y en a six :

I. Sanctifier les fêtes instituées par l'église.

II. Entendre la fainte meffe les dimanches & les fêtes.

III. Confeffer tous fes péchés au moins une fois l'an.

IV. Communier dans la quinzaine de pâques.

V. Jeûner pendant tout le carême, les quatre-tems & les vigiles.

VI. S'abftenir de manger de la viande les ven-dredis & les famedis.

D. Quelles font les fêtes inftituées par l'églife?

R. Il y en a de deux fortes, les unes font pour honorer notre rédemption, comme Noël, l'Epiphanie, Pâques, l'Afcenfion & la Penteeôte; les autres font pour célébrer la mémoire de la fainte vierge Marie & des faints.

D. Outre ces fix commandemens, l'églife n'a-t-elle pas d'autres réglemens relatifs à tous les fideles chrétiens?

R. Oui : ces réglemens confiftent à ne fe con-feffer & à ne communier que dans fa paroiffe, dans la quinzaine de pâques, à moins qu'on ob-tienne la permiffion de le faire ailleurs; de s'a-dreffer à fon pafteur, quand on eft dans la né-ceffité de rompre le jeûne de l'églife, & d'affifter tant qu'on le peut à la grand'meffe & aux autres inftructions paroiffiales.

D. Les

D. Les commandemens de l'église sont-ils aussi exprès que les commandemens de Dieu?

R. Oui : puisqu'ils sont conformes à la doctrine de J. C.; c'est pourquoi, on ne peut transgresser ni les uns ni les autres, sans pécher mortellement.

D. Qu'entendez - vous par pécher mortellement?

R. J'entends commettre une transgression à la loi de Dieu, & priver par-là son ame de la béatitude éternelle.

CHAPITRE XI.
Du Jugement.

D. Qui peut juger notre ame ?

R. C'est Dieu.

D. Comment se fait ce jugement?

R. De deux manieres ; le jugement particulier se fait si-tôt que notre ame, est séparée de notre corps, mais ce jugement particulier n'est qu'en attendant le jugement-dernier, où le Fils de Dieu descendra du Ciel pour juger tous les hommes en général.

D. Comparoîtrons-nous au jugement dernier en corps & en ame?

R. Oui : notre ame se réunira alors à notre corps ressuscité pour ne plus mourir.

D. Que deviennent les ames, en attendant le jugement dernier?

R. Elles ont trois fortes de deftinées ; les ames de ceux qui meurent en état de péchés mortels, font condamnées aux enfers ; les ames de ceux qui meurent en état de grace, vont en paradis ; & les ames de ceux qui meurent exempts de péchés mortels, fans avoir atteint l'état de perfection, vont en purgatoire.

D. Qu'eft-ce que l'enfer?

R. C'eft un lieu de fupplice où l'on eft privé de la vue de Dieu.

D. Qu'eft-ce que le paradis?

R. C'eft un lieu de délices où l'on jouit de la vue de Dieu.

D. Qu'eft-ce que le purgatoire?

R. C'eft un lieu où les ames achevent de fe purifier avant d'être admifes en paradis.

D. Peut-on foulager les ames du purgatoire?

R. Oui : on le peut par la priere, le facrifice de la meffe, l'aumône, & toutes les œuvres de miféricorde.

D. Exiftera-t-il un purgatoire après le jugement dernier?

R. Non : parce qu'alors il n'y aura que deux deftinées, celle des bons & celle des méchants.

CHAPITRE XII.

Là profession de foi.

D. Quelle est la profession de foi d'un bon chrétien ?

R. C'est le symbole des apôtres que voici :

En latin.	En françois.
Credo, in Deum patrem omnipotentem, creatorem cæli & terræ, & in Jesum Christum filium ejus unicum, Dominum nostrum ; qui conceptus est de Spiritu sancto, natus ex Maria virgine ; passus sub Pontio Pilato, crucifixus, mortuus & sepultus ; descendit ad inferos, tertiâ die resurrexit à mortuis ; ascendit ad cælos, sedet ad dexteram Dei patris omnipotentis ; indè venturus est judicare vivos & mortuos. Credo in Spiritum Sanctum, sanctam ecclesiam catholicam, sanctorum communionem, remissionem peccatorum, carnis resurrectionem, vitam æternam. Amen.	Je crois en Dieu, le pere tout-puissant, créateur du ciel & de la terre : & en J. C. son fils unique, notre seigneur ; qui a été conçu du St-Esprit, est né de la vierge Marie ; a souffert sous Ponce-Pilate, a été crucifié ; est mort & a été enseveli ; qui est descendu aux enfers, & le troisieme jour est ressuscité des morts ; est monté aux cieux, est assis à la droite de Dieu le pere tout-puissant, d'où il viendra juger les vivans & les morts. Je crois au St-Esprit, la sainte église catholique, la communion des saints, la rémission des péchés, la résurrection de la chair, la vie éternelle. Ainsi soit-il.

D. Ceux qui ne croiroient pas fermement tous les articles de foi contenus dans ce symbole, seroient-ils sauvés ?

R. Non : puisque ce symbole renferme tous les dogmes de nôtre religion, sans laquelle on ne peut être sauvé.

DE LA VIE DE JÉSUS-CHRIST.

D. A quelle époque Jésus fut-il conçu?

R. Le jour de l'Annonciation, qui arrive le 25 mars.

D. Quel jour est-il né?

R. Le jour de Noël.

D. Quel jour fut-il circonci & nommé Jésus?

R. Huit jours après sa naissance, qui est le premier de l'an.

D. Quel jour fut-il adoré des Rois-mages?

R. Le sixieme jour de janvier, appelé Epiphanie.

D. Quel jour fut-il présenté au temple par la Ste-Vierge?

R. Quarante jours après sa naissance, qu'on appelle la Chandeleur ou la Purification de la Ste-Vierge.

D. Que savons-nous de l'enfance & de la jeunesse de Jésus?

R. Trois choses : la premiere, qu'à l'âge de douze ans il fut trouvé dans le temple, écoutant & interrogeant les docteurs ; la seconde, qu'il étoit soumis à la Ste. Vierge sa mere & à St. Joseph ;

& la troisieme, qu'à mesure qu'il croissoit en âge, on remarquoit en lui plus de sagesse & plus de sainteté.

D. A quel âge & par qui fut-il baptisé?

R. A l'âge de trente ans, par St. Jean-Baptiste.

D. Quand commença-t-il à prêcher & à faire des miracles?

R. Un peu après son baptême.

D. Quel jour fait-on la fête de son premier miracle aux noces de Cana?

R. Le jour des Rois, appelé Epiphanie.

D. Quand célebre-t-on son entrée triomphante dans Jérusalem?

R. Le Dimanche des rameaux.

D. Quel jour fait-on la mémoire de sa mort?

R. Le jour du vendredi saint.

D. Que devint l'ame de J. C. après sa mort?

R. Elle descendit aux lieux où résidoient les ames saintes avant la venue de Jésus-Christ.

D. Que devint son corps après sa mort?

R. Il fut mis dans le sépulcre.

D. Où étoit donc alors la divinité de J. C.?

R. Elle étoit comme auparavant, unie à son corps & à son ame.

D. Quand ressuscita-t-il?

R. Le troisieme jour après sa mort, qu'on appelle le jour de Pâques.

D. Quel jour monta-t-il au ciel?

R. Quarante jours après fa réfurrection, qu'on nomme le jour de l'Afcenfion.

D. Quel jour a-t-il envoyé vifiblement fon St-Efprit à fes apótres?

R. Le jour de la Pentecôte, qui eft le dixieme après fon Afcenfion.

────────◆────────

D. La religion de J. C. fubfiftera-t-elle toujours?

R. Oui : jufqu'à la confommation des fiecles, parce qu'elle eft l'ouvrage même de la divinité.

D. Pourquoi J. C. a-t-il rempli toutes les formalités de la loi judaïque pendant fa vie?

R. Parce qu'il n'étoit pas defcendu fur la terre pour détruire la loi, mais pour la perféctionner & la remplir.

CATÉCHISME NATIONAL.

CODE MORAL.

CHAPITRE PREMIER.
Évangile.

D. QUEL est le code moral le plus parfait sur la terre ?

R. C'est l'évangile.

D. Pourquoi l'évangile est-il le code moral le plus parfait ?

R. Parce qu'il rend à chacun ce qui lui est dû, élève l'ame, forme le cœur à la vertu, & resserre les liens de la société.

D. Sur quoi la morale évangélique est-elle fondée ?

R. Sur l'amour de Dieu & des hommes.

D. L'amour de Dieu est-il naturel à l'homme ?

R. Oui : parce qu'il est naturel d'être reconnoissant envers les bienfaits du Créateur.

D. La charité est-elle une vertu naturelle à l'homme ?

R. La nature nous porte à rendre le bien pour

le bien , & le mal pour le mal ; mais la charité évangélique est plus parfaite que la nature , en ce qu'elle nous commande de faire le bien pour le mal , de pardonner , d'oublier même les injures.

D. Quelle différence y a-t-il entre l'amour que nous devons à Dieu & celui que nous devons aux hommes ?

R. Cet amour est absolument le même , puisque nous ne pouvons nous flatter de plaire à Dieu, si nous haïssons notre semblable ; les deux commandemens d'aimer Dieu & d'aimer nos freres , sont donc égaux dans leurs causes & dans leurs effets.

D. L'homme ne doit donc pas suivre les penchants de la nature ?

R. Il doit les suivre s'ils le menent au bien, mais il doit leur résister s'ils le conduisent au mal.

D. Qu'entendez-vous par le bien ?

R. J'entends tout ce qui ne peut nuire ni à nous-mêmes, ni à nos semblables.

D. Celui qui ne fait pas le mal fait donc nécessairement le bien ?

R. La perfection évangélique ne borne pas le bien à ne pas faire le mal, mais elle veut que non contens de ne pas nuire, nous cherchions encore à être utiles à nos semblables.

D. Qui

D. Qui font nos femblables?

R. Tous les hommes, de quelques pays, de quelques conditions qu'ils foient.

D. Ceux qui ne profeffent point notre religion font-ils nos femblables?

R. Oui fans doute, & nous leur devons le même amour que s'ils nous étoient unis d'opinion.

D. La religion chrétienne n'admet donc point d'ennemis?

R. La morale chrétienne ne reconnoît point d'autres ennemis que les ennemis de la patrie.

D. Eft-il permis aux chrétiens de faire la guerre aux ennemis de la patrie?

R. Malgré la douceur de fa morale, J. C. fait une vertu de l'obéiffance aveugle aux loix de la guerre, & met la bravoure & le courage au rang du vrai mérite de fa religion.

D. La doctrine chrétienne autorife-t-elle les infurrections?

R. La morale évangélique défend de défobéir à la loi, donc elle interdit toute infurrection contre la loi.

D. Pourquoi Jéfus-Chrift recommande-t-il donc de rendre à Céfar ce qui eft dû à Céfar, fi notre obéiffance doit fe borner à la loi?

R. Céfar régnoit alors *par la loi*, fur les Romains ; donc, en obéissant à César, on obéissoit à la loi.

D. Si César eût gouverné les Romains par ses propres loix, le commandement de Jésus-Christ ne seroit donc point juste ?

R. Jésus-Christ, dans ce commandement, n'a point prétendu autre chose, sinon d'apprendre aux juifs l'esprit de la loi divine, qui veut que l'on rende à chacun ce qui lui est dû, & selon ce qui lui est dû ; César gouvernoit la Judée, & l'obéissance des juifs étoit un devoir sacré envers lui ; mais J. C. vouloit persuader à cette nation que son obéissance aux volontés de César, ne la dispensoit pas de ses devoirs envers Dieu.

CHAPITRE II.

Vertus morales.

D. Combien y a-t-il de sortes de vertus morales ?

R. De trois sortes : celles qui regardent Dieu, celles qui regardent la société, & celles qui nous regardent personnellement.

Vertus théologales.

D. Quelles sont les vertus qui regardent Dieu ?

R. Elles sont au nombre de trois ; savoir : la

foi, l'espérance & la charité, c'est pourquoi on les appelle théologales.

D. Qu'est-ce que la vertu de la foi ?

R. La foi ou la croyance des fideles, est une soumission entiere aux volontés du Créateur, manifestée dans la religion de Jésus-Christ que nous professons.

D. Qu'est-ce que l'espérance ?

R. Cette vertu anime notre piété en augmentant notre confiance dans les promesses de J. C.

D. Qu'est-ce que la charité ?

R. Cette vertu est l'amour qui nous porte à faire tout ce qui peut plaire à Dieu.

D. Ces trois vertus sont-elles absolument nécessaires pour plaire à Dieu ?

R. Oui : puisqu'elles sont les fondemens de la religion de Jésus-Christ son fils ; la foi nous éclaire, l'espérance nous anime, & la charité nous vivifie.

Vertus sociales.

D. Quelles sont les vertus morales qui regardent la société ?

R. Elles sont au nombre de deux, d'où découlent toutes les autres, savoir : la dépendance des inférieurs à l'égard des chefs, & la justice des chefs à l'égard des inférieurs.

D. Qu'entendez-vous par les chefs ?

R. J'entends tous ceux que la loi a préposés pour nous gouverner, depuis le Monarque jusqu'au dernier substitut de son pouvoir exécutif.

D. Notre soumission à l'égard des chefs est-elle la même soumission que nous devons à la loi ?

R. Oui : tant qu'ils commandent au nom de la loi, nous devons au monarque & à tous ses ministres une soumission aussi fidelle & une obéissance aussi respectueuse qu'à la loi même.

D. Cette dépendance détruit-elle la liberté ?

R. Au contraire : point de société sans loi, & point de liberté sans soumission à la loi.

D. Qu'entendez-vous par la loi ?

R. J'entends la constitution du gouvernement sous lequel nous vivons.

D. Qui fait la loi ?
R. La Nation.

D. Qui fait exécuter la loi ?
R. Le Roi.

D. Quels sont nos devoirs envers le Roi ?
R. L'amour, le respect & la fidélité.

D. Que devons-nous à la Nation ?
R. Nos talens, notre fortune & notre vie.

D. Que devons-nous à la loi ?
R. Respect, soumission & dépendance.

(45)

D. Que devons-nous attendre de la Nation?

R. Reconnoissance & bienfaisance.

D. Que pouvons-nous espérer de la loi?

R. Sûreté, protection, liberté.

D. Qu'attendons-nous du Roi?

R. Justice, affection & douceur.

D. La loi constitutionelle de l'état est-elle la seule qui exige notre soumission?

R. Non : nous devons encore obéir aux loix de l'église : dans le premier cas, c'est l'autorité civile qui parle ; dans le second cas, c'est l'autorité ecclésiastique ; l'une & l'autre sont légitimes ; l'une & l'autre sont émanées de Dieu, c'est Dieu lui-même.

Vertus personnelles.

D. Quelles sont les vertus morales qui nous regardent personnellement?

R. Il y en a quatre principales ; savoir : la *prudence,* la *tempérance,* la *force* & la *justice.*

D. Qu'est-ce que la prudence?

R. C'est une vertu chrétienne qui nous éclaire dans le choix des moyens qui nous conduisent au bonheur.

D. La prudence du méchant est-elle une vertu?

R. Non, parce qu'elle est l'ouvrage des passions qui ne se proposent point un but sage & vertueux, mais une fin criminelle & illégitime.

D. Qu'est-ce que la tempérance ?

R. C'est une vertu évangélique qui nous ins-
pire la modération dans nos pensées, dans nos
désirs & dans nos actions.

D. Qu'est-ce que la force ?

R. La force chrétienne est cette vertu héroïque
qui nous fait tout surmonter, tout souffrir ; plutôt
que de trahir nos devoirs.

D. Qu'est-ce que la justice ?

R. C'est une vertu chrétienne qui nous assu-
jettit à Dieu, nous tient dans l'égalité à l'égard du
prochain, & nous éleve au-dessus des autres
créatures.

D. Tout homme vertueux doit donc posséder
ces quatre vertus ?

R. Oui : puisque la vertu n'est autre chose que
l'amour de ce qu'il faut aimer : en savoir faire le
choix, c'est ce qui s'appelle *prudence*; ne s'en laisser
détourner par aucune incommodité, c'est ce qu'on
appelle *force*; par aucun plaisir, c'est ce qui s'appelle *tempérance*; par aucun orgueil, c'est ce qui
s'appelle *justice*.

CHAPITRE III.

Vices moraux

D. Quels font les principaux vices moraux ?

R. Les principaux font au nombre de fept ; favoir : *l'orgueil*, *l'avarice*, *l'impureté*, *l'envie*, la *gourmandife*, la *colere* & la *pareffe*.

D. Quelle eft la vertu oppofée à l'orgueil ?

R. C'eft l'humilité du cœur & la candeur de l'efprit.

D. Quelle eft la vertu oppofée à l'avarice ?

R. C'eft l'emploi fage & généreux des dons de la providence ; & c'eft ce que l'on appelle *économie*.

D. Quelle eft la vertu oppofée à l'impureté ?

R. C'eft un chafte refpect pour les vœux du baptême, & la fuite de toute occafion de les violer, foit intérieurement, foit extérieurement.

D. Quelle eft la vertu oppofée à l'envie ?

R. C'eft l'amour du prochain fondé fur l'amour de Dieu.

D. Quelle eft la vertu oppofée à la gourmandife ?

R. C'eft l'empire fur foi-même & la force de réfifter à l'appétit des fens.

D. Quelle est la vertu opposée à la colere ?

R. C'est la douceur, l'affabilité & la charité chrétienne.

D. Quelle est la vertu opposée à la paresse ?

R. C'est l'emploi du tems & l'ordre régulier de cet emploi.

D. Celui qui meurt ayant son ame souillée d'un de ces vices moraux, peut-il être sauvé ?

R. Non : parce qu'il est coupable aux yeux de Dieu comme s'il les avoit tous.

D. Pourquoi ces vices moraux rendent - ils l'homme si coupable ?

R. Parce qu'ils sont tous opposés à la loi de l'évangile.

D. Ces vices moraux n'offensent-ils que Dieu seul ?

R. Tous ces vices moraux offensent également Dieu, la société & notre caractere de chrétiens.

Péchés contre l'Esprit-Saint.

D. Qu'entend-on par les péchés contre l'Esprit-Saint ?

R. On entend la présomption orgueilleuse du salut, le désespoir de la miséricorde divine, la résistance à la foi, l'impénitence finale.

D. Que signifie la présomption orgueilleuse du salut ?

R.

R. On entend cette confiance préfomptueufe de certaines perfonnes pour leur falut, tandis qu'ils rejettent tous les moyens pour l'opérer.

D. Qu'eft-ce que défefpérer de la miféricorde divine ?

R. C'eft perfévérer dans le vice, parce que l'on ceffe d'efpérer de pouvoir faire fon falut.

D. Qu'eft-ce que réfifter à la foi ?

R. C'eft refufer obftinément de croire aux vérités révélées, par une incrédulité volontaire, ouvrage des paffions aveugles.

D. Qu'eft-ce que l'impénitence finale ?

R. C'eft un endurciffement de cœur & d'efprit, punition ordinaire des pécheurs qui rejettent toute efpece de retour á la vertu ; on l'appelle impénitence finale, parce que le pécheur perfévere jufqu'à la mort dans fon iniquité.

D. A quoi s'expofent ceux qui péchent contre l'Efprit-faint ?

R. A la damnation éternelle.

D. Eft-ce qu'il n'y a pas de rémiffion pour cette forte de péchés ?

R. Non : parce que celui qui péche contre le St-Efprit, a l'efprit & le cœur trop dépravés pour être fufceptible de converfion.

Des Mœurs.

D. Qu'entend-on par les mœurs ?

R. On entend la maniere bonne ou mauvaife de fe conduire dans le monde.   G

D. On peut donc être impie & avoir des bonnes mœurs ?

R. Non : parce que les bonnes mœurs supposent une bonne morale, & qu'il n'y a pas de bonne morale sans piété.

D. Il suffit donc de remplir les devoirs extérieurs de la religion pour avoir de bonnes mœurs ?

R. Non : il faut encore joindre aux devoirs extérieurs de la religion la pratique des devoirs moraux évangéliques ?

D. Qu'est-ce qui constitue donc les bonnes mœurs ?

R. C'est l'union parfaite de la piété & de la morale.

D. La vertu évangélique n'a-t-elle pas ses dégrés de perfection comme les autres vertus ?

R. Non : l'évangile n'admet point de degrés dans ses vertus ; celui qui n'atteint pas la perfection n'a pas droit au salut qui en est la récompense.

D. Pourquoi J. C. dit-il donc qu'*il y a plusieurs demeures dans la maison de son pere ?*

R. C'est pour ne pas ôter l'espérance du salut au pécheur qui meurt repentant de ses fautes, mais le pénétrer de cette grande vérité, que celui qui fait son salut par la voie de l'innocence mérite bien plus que celui qui le fait par la voie de la pénitence.

CATÉCHISME NATIONAL.

CODE CIVIL.

D. Qu'eft-ce qu'un citoyen?

R. C'eft un membre d'une famille nombreufe rangée fous les loix d'une mere commune, qu'on appelle *la Patrie.*

D. Qu'eft-ce que *la Patrie?*

R. L'on entend par *Patrie*, la nation entiere au fein de laquelle nous avons pris naiffance.

D. L'endroit qui nous a vu naître n'eft-il pas plutôt notre patrie que le pays entier que la nation habite?

R. Non: la patrie réfide dans toute l'étendue du même pays foumis aux mêmes loix & au même gouvernement.

D. L'amour des loix & du gouvernement n'eft donc autre chofe que l'amour de la patrie?

R. Tant que les loix & le gouvenement s'accordent avec la volonté générale de la nation, & pour fon plus grand bien; alors l'amour de la patrie rejaillit fur les loix & le gouvernement.

(52)

D. Quels sont les devoirs d'un citoyen envers la *Patrie?*

R. Il doit lui sacrifier ses talens, sa fortune & sa vie même.

D. La constitution de l'état engage-t-elle les citoyens au nom de la *Patrie?*

R. Oui : & le serment civique de lui être fidele est un engagement patriotique.

Liberté.

D. Qu'entend-on par liberté ?

R. On entend les droits légitimes de l'homme, de penser, d'écrire & d'agir librement.

D. Qu'elles sont les bornes de cette liberté ?

R. Ce sont celles que les loix de la société & du gouvernement prescrivent à tous les citoyens; savoir : le respect aux droits d'autrui, & l'obéissance à la loi du gouvernement, qui est celle de la Nation.

D. Les impositions ne contrarient-elles point la liberté.

R. Au contraire, les impositions étant perçues pour le soutien de l'état, assurent par là notre liberté, puisqu'elles mettent l'état à même de protéger & de défendre nos propriétés & nos jouissances.

D. De quel crime se rend coupable tout citoyen qui refuse de payer l'impôt ?

D. De l'ingratitude la plus affreuſe envers la patrie, envers la loi, & envers le Roi.

D. La liberté perſonnelle l'emporte-t-elle ſur la liberté nationale ?

R. Non ſans doute, puiſque toute liberté qui n'a pas pour but le bien public, eſt ennemie de la loi, & dégénere en licence.

D. Qu'eſt-ce que c'eſt que la licence ?

R. C'eſt la frénéſie de toute les paſſions, qui, ſous le nom de la liberté, rompt les liens de la ſociété & de la morale.

Egalité.

D. La qualité de citoyen rend donc tous les hommes égaux ?

R. Oui : aux yeux de la patrie & de la loi tous les hommes ſont égaux.

D. Cette égalité s'étend-elle juſques dans la ſociété ?

R. Non : la providence a voulu, pour le commerce des hommes & l'utilité générale, que la ſociété fût compoſée de riches & de pauvres, de grands & de petits, de ſavans & d'ignorans, de bons & de méchans, afin que de cette diverſité de claſſes, de beſoins, de puiſſances & d'opinions, il en réſulte une multitude de relation s de rapports capables de lier les hommes entre eux.

(54)

D. Cette diſtinction parmi les hommes a-t-elle lieu auprès de Dieu?

R. Non: tous les hommes ſont égaux aux yeux du créateur, qui n'admet que la diſtinction morale entre l'homme juſte & le méchant.

D. Quels ſont les devoirs réciproques de citoyen à citoyen?

R. De s'aimer comme freres, de ſe reſpecter, de s'entre-ſecourir dans le beſoin.

D. Les citoyens ne doivent donc pas s'armer contre leurs égaux?

R. Non, mais ils doivent s'armer contre les mauvais patriotes, les ennemis du bien & de la tranquillité publique, & défendre la loi & la conſtitution juſqu'à la mort.

D. Celui qui meurt pour ſa patrie, mérite-t-il aux yeux de Dieu?

R. Oui : Dieu nous preſcrit la charité comme la baſe de toutes les vertus évangéliques, & le gage de nôtre ſalut; or celui qui meurt pour la patrie, meurt pour le ſalut de ſes freres; donc celui qui meurt pour ſa patrie a droit aux bontés & à la miſéricorde divine.

Devoirs réciproques.

D. Quels ſont les devoirs des citoyens en place?

R. Ils ne doivent jamais perdre de vue que

(55)

c'eſt la confiance ſeule de leurs égaux, qui a placé dans leurs mains le glaive de la loi, pour défendre & protéger leurs intérêts, avec zele, intégrité & juſtice.

D. Quels ſont les devoirs des citoyens envers les chefs qu'ils ſe ſont donnés?

R. Les reſpecter, les ſoutenir, les eſtimer, avoir pour eux la même ſoumiſſion que celle que l'on doit à la loi, dont ils ſont les dépoſitaires & les organes.

D. Quel cas doit-on faire des citoyens qui briguent des places?

R. Aucun : & cette conduite ſeule eſt un titre d'excluſion.

D. Quels ſont les devoirs civiques des peres & meres envers leurs enfans?

R. C'eſt de les élever dans la connoiſſance des principes de la conſtitution ſous laquelle ils doivent vivre, de leur inſpirer cette bravoure françoiſe, cette énergique liberté que donnent nos loix, cet amour pour les *Bourbons*, que le nom de Louis XVI a éterniſé dans le cœur des François.

F I N.